POEZII PENTRU INIMA TA
Volumul IV

"O carte ieșită la lumina zilei, descrie sufletul celui care-o scrie" - Ștefania Rotariu

Ștefania Rotariu

Published by Dolman Scott in 2023
Copyright ©2023 Stefania Rotariu

All rights reserved. No part of this publication may be reproduced, stored in a retrieval system, or transmitted in any form or by any means, electronic, mechanical, photocopy, recording or otherwise, without prior written permission of the copyright owner. Nor can it be circulated in any form of binding or cover other than that in which it is published and without similar condition including this condition being imposed on a subsequent purchaser.

ISBN 978-1-915351-11-1

DolmanScott
www.dolmanscott.com

Adun amintiri

Adun amintiri și oameni,
În valiza vremii ce-o să vină
Și le-oi lua cu mine-ntre străini,
Să-mi scalde inima-n lumină.

Le-adun în inimă cu prețuire,
Le-așez cu grija unui copil,
Când am nevoie de iubire,
În fața lor să mă înclin.

Ființa lor se risipește-n zare,
Iar de le caut și le strig,
Ele apar din lumea încălzită-n soare,
Unde-i frumos și niciodată frig.

A fi român

A fi român,
Nu-nseamă capul să ți-l pleci,
În fața pretinsului stăpân,
Când în genunchi, te vrea pe veci.

A fi român,
Înseamnă-o inimă de leu să ai,
Când plânge-al tău copil
Și n-ai o pâine să i-o dai.

A fi român,
Înseamnă capul să-l ridici,
Când sabia se-apleacă peste el,
Tăișul ei să nu-l atingi!

Și-atunci când trâmbița prin văi,
Puternic se aude cum răsună,
Adună-n grabă fiii tăi,
Să apere glia străbună!

Ștefania Rotariu

Aho, aho

Aho, aho, frumoși români,
Vin la voi c-o urătură,
Înainte de-a păși,
În anul care stă să vină.

Și-am adus un plugușor,
Care nu-i ca altă dată,
Trist își varsă al său dor,
Dup-opinca îngropată.

Și plâng codrii de aramă,
Dup-ai noști mari poeți,
Cântecele lor ne-ndeamnă,
Să fim vrednici daco-geți.

Să păstrăm obârșia mamă,
Fără ea ca neam suntem,
Dezbrăcați și fără hrană,
Ca români nu existăm.

Vino astăzi, hai române,
Ca în sfânta sărbătoare,
Să-mpărțim a noastră pâine
Și săracului ce n-are!

Să-mbrăcăm portul și graiul
Și în horă să jucăm,
Atunci când ne cântă naiul,
Hora mare s-o încingem!

Alerg

Alerg fără-ncetare,
Pe-un drum ce n-are sfârșit,
Iar alergarea lui m-apasă tare,
Când mă-nvârt în al său labirint.

Alerg pe firul vieții,
Încâlcit și răsfirat,
Prin vântul rece-al dimineții,
Din noaptea ce m-a alungat.

Și simt cum zilele se scurg,
Că nopțile se trec agale,
Când mai aștern câte un rând,
Din șirul de povești cu jale.

Acolo-n versuri caut sensul,
Unei vieți ce s-a scurs făr-a ști,
Căci ea cuprinde universul,
Vieții desenată-n culori vii.

Am împărțit cu tine

Am împărțit cu tine,
Pâine, lacrimi și suspine
Și-n brațe tare m-ai cuprins,
Când viața încă n-a surâs.

Iar zâmbetul mi l-ai cules,
Când nu știam al vieții mers
Și pașii mi i-ai îndreptat,
Când groapa lângă mine s-a săpat.

Nu m-ai lăsat în ea să cad,
Pe brațe tu m-ai ridicat,
Părinte bun și-ocrotitor,
De tine-mi este tare dor!

Aș vrea în brațe să-ți mai plâng
Și mâinile să ți le strâng,
Să-mi mângâi obrazul ușor,
Când izvorăsc lacrimi de dor.

Am încetat

Am încetat să cred,
Că viața va fi cum a fost,
Am încetat să-mi tot repet,
Că ne petrecem pe lume cu rost.

Atât de mult tristețea,
Aripile grele și-a întins,
Orbind parcă omenirea,
Ce doarme obosită-un vis.

Și-n ura dintre popoare,
Cu izbândă răul s-a încins,
Îngenunchind lumea cea mare,
Când răul s-a extins în paradis.

Am îndrăznit

Am îndrăznit,
Pe munți înalți să urc,
Cărări și piscuri fără infinit,
De ele eu nu m-am temut.

C-un munte mi-am asemuit,
Puterea ce-mi curge-n vene
Și-am luptat și o să lupt,
Chiar dac-ar fi să lupt cu mine.

Iar de va fi un munte să-l ridic,
Voi fi ca vulturul din zbor,
Când piscu-nalt o să-l ating,
Să simtă că sunt om.

Am stat

Am stat în umbra timpului pribeag,
Privind cum se-ndepărtează,
Chipul ce-mi era tare drag
Și trăia-n mine ca o oază.

Apoi cuvinte parcă s-au oprit,
Pe buzele-mi vrăjite de durere
Și-acolo în tristețe s-au topit,
Fără vreun sunet, în tăcere.

Nici mâinile n-au îndrăznit,
Să fac-un semn pentru-a rămâne,
Ființa care m-a iubit,
Ea a plecat și nu mai vine.

Ardealul

Ardealul, ardealul, cântăm și atât,
Simțind un fior în inimi,
Iar nodul neputinței se oprește-n gât,
Căci de făcut, nimic nu face nimeni.

Stăm cu primejdia în fața noastră
Și parcă mâinile ne sunt legate,
Se va dezlipi de țara măiastră,
O parte din inima care încă-i bate?

Așa cum sperăm și vorbim de-o Moldovă,
Ce șade deoparte de țara-i străbună,
De nu se trezește nația română,
Vom plânge Ardealul, furat de mâna păgână.

Cântăm România, spun șarlatanii,
Dar țara se zbate în ceasuri amare,
Mai mult ca oricând nu știm că avarii,
Vândut-au de mult ale țării hotare.

Aș vrea să scriu

Aș vrea să scriu,
Cuvinte-n taină de iubire,
Dar toate se împrăștie-n pustiu
Și foaia tristă, albă rămâne.

Esența lumii stă pierdută,
În anii care în tăcere,
S-au osândit pe vreo redută,
În lupta ce-a răpus românii.

Sufletele triste s-au golit,
De primăvara bucuriei,
Mă-ntreb dac-am murit,
Că nu știm ce va rămâne.

Ne-am îndoit sub vrajba lumii,
Ce ne-a orbit și ne-a încuiat,
În obiceiurile păgâne,
Ne-am obișnuit și desfătat.

Ca orbii-am fost purtați pe brațe,
Pline de ură și învrăjbire,
Ca să uităm părinții, frații
Și țara să ne-o ducă-n pustiire.

Aș vrea să-ți fiu aproape

Aș vrea să-ți fiu aproape,
Când ochii-ngândurați,
Privesc tăcuți departe,
De astă lume depărtați.

Aș vrea să-ți mângâi fața,
Cu-n sărut ușor,
Când stai trist dimineața
Și te gândești în patul gol.

Când gândul te mai părăsește
Și se-ntoarce către mine,
Aș vrea să-ți dau de veste,
Că sunt mereu cu tine.

Chiar dacă depărtarea,
Întinde punți înalte,
Îți simt și-acum suflarea,
Ce mângâie-a mea frunte.

Balada lui Ciprian Porumbescu

Balada ta învie morții,
Ce-n vremuri de departe s-au pierdut,
Punându-și viețile în mâna sorții,
Murind, fără să lepede pământul sfânt.

Balada ta răscolește inima-n adâncuri
Și lacrimi curg, se rostogolesc,
Nu suntem noi românii de pe timpuri,
N-avem putere și nici avântul românesc.

Tu ne-ai cântat cu inima curată,
Sperând că vei lăsa pe-această lume,
O moștenire-ntreagă nesperată,
Pentr-o mândră și curată națiune.

Bate-n ușa ta războiul

Bate-n ușa ta războiul,
De stăpâni amanetat,
C-au gândit ei că nu-i baiul,
De-s români buni de-mpușcat.

Și-au bătut palma dușmanii,
Cei ce stau în jilțuri scumpe,
Deschizând poarta mulțimii,
La noi ca să se înfrunte.

Ridică-ți capul romane,
Nu privi nepăsător,
Că-i vedea ce va fi mâine,
Chiar la tine în pridvor.

Aste vremi întunecate,
Te-or trezi, de-or mai putea,
Însă-i regreta tu poate,
Când durerea va fi grea.

Blândă

Blândă vocea ei răsună,
În timpanele-obosite,
Povestind sub clar de lună,
Povești simple și-ndrăgite.

Și-n graiul dulce strămoșesc,
Povestind fără oprire,
Parc-aievea o privesc,
Întrebând câte mai știe.

Dar bunica neobosită,
Parcă gândul nu-mi aude,
Croșetând ceva pe-o prispă,
Glasul ei ușor mă prinde.

Și-nchid ochii obosită,
În povestea ei mă pierd,
Ea m-acoperă pe prispă,
C-un sărut cald de dezmierd.

Buciumul răsună

Acolo unde buciumul răsună
Și oile cobor la vale,
Unde poeții cântă sub clarul de lună
Și cineva îți iese-n cale.

Acolo este țara mea,
Acolo dorm strămoșii mei,
Acolo să sfârșesc aș vrea,
Acolo să-mi las anii grei.

Pământul strămoșesc să-l strâng,
În mâna plină de putere,
Strămoșilor să fiu eu rând,
Când țara plânge și geme.

Caut altă viață

Caut o altă viață în pierduta lume,
Care era diferită cândva,
În care puteai spune oricui și oriunde,
Ce taine se-ascund în inima ta.

Eu caut acea ferecată și uitată lume,
Din care nimic și nimeni nu se întoarce,
În ea sunt chipuri și poate sunt umbre,
Care ne privesc lăsându-ne-n pace.

Când inima se-ncovoaie

Când inima se-ncovoaie,
După săgețile primite,
Pleacă-ți privirea ta vioaie,
Că Domnul ți-a promis prea multe.

Nu ești demn ca inima să-ți plângă,
Tristețea-n ea să-și facă cuib
Și mâinile să ți le frângă,
În loc să le ridici spre Domnul Sfânt!

E drept că doare și sunt lacrimi,
Ce sapă-n tine cu ardoare,
Dar Domnu-acoperit cu spini,
N-a plâns și n-a spus că îl doare.

Privește cerul cum se-ntinde,
Știi că acolo te așteaptă
Și este-un loc și pentru tine,
În inima Domnului cea dreaptă.

Acum vei plânge și-n tristețe,
Somnul nu se-așterne peste pleoape,
Dar Domnul vine să te-nvețe,
Că ziua lui este aproape.

Acum vei plânge și-n tristețe,
Somnul nu se-așterne peste pleoape,
Dar Domnul vine să te-nvețe,
Că ziua lui este aproape.

Când pleacă oamenii

Când pleacă oamenii din viață,
Un mare gol se adâncește,
Iar liniștea ce-n urm-o lasă,
Aduce o tristețe care crește.

Nimic din ce a fost odată,
N-are viață si n-aduce bucurie,
Viața se schimbă dintr-odată,
Fără de sens și c-o tristă amintire.

Zilele se scurg fără s-arate că uitarea,
Poate s-aducă și alte bucurii,
Sădind în inimă mai mult chemarea,
Ființei ce-o aștepți în fiecare zi.

Cât o mai răbda românul

Cât o mai răbda românul,
Picior de străin să-l calce,
Să-i ia pâinea, să-i ia vinul,
Să n-aibă unde se-ntoarce?

Cât o mai răbda românul,
Mătrăguna și trădarea,
Să-și dea mâna cu hainul,
Ca Iuda să vândă țara?

Avem țară, avem glie,
Când avarii fac o cruce,
Țărișoarei-n agonie,
Țărișoarei ce se duce?

Vino Doamne de ne-ncearcă,
Să ne-ntoarcem către țară,
Până vremea n-o să facă,
S-avem un pământ de-o palmă!

Ce-i și viața

Ce-i și viața fără tine,
Doar un calendar cu zile,
Ziua vine, noaptea trece
Și-astfel viața se petrece.

Nu mai sunt zile senine,
Doar o ploaie care vine
Și aduce norii grei,
Că m-am săturat de ei.

Soarele tot stă ascuns,
După zile ce s-au scurs
Și privind în calendar,
Mă trezesc că numar iar.

Zile una dupa alta
Și așa se duce viața,
Poate-n vis te-oi întâlni,
Iar acolo ne-om iubi.

Ce vânt te aduce

Ce vânt te-aduce pe la mine,
Nădejde aspră, rătăcită?
Am renunțat de mult la tine
Și nu vreau să fiu amărâtă!

Demult, tare demult,
Gândul mi s-a întors de la tine
Și-am dat orice ca să te uit,
Dar tu nu uiți de mine.

Ce gânduri te frământă atâta vreme,
Când în sânul deznădejdii m-ai împins?
Crezi oare că inima o să te cheme,
Sau poate crezi, că m-ai învins?

Chiar dacă ți se pare

Chiar dacă ți se pare-n van
Și viața nu-ți surâde,
Oprește-te și fii uman,
Căci viața are rău și bine.

Iar dacă totul e bizar
Și liniștea nu curge-n tine,
Oprește-te, nu ești un ban,
Care se-nvârte în neștire.

Lasă-ți un zâmbet să culeagă,
Mireasma vieții răvășite,
Nu mai trăi numai în grabă,
Respiră viața ca-nainte.

Citesc pe buze

Citesc pe buze,
Dulcile-ți cuvinte,
Nu vrei să le rostești,
Cum le rosteai-nainte.

Citesc privirea-ți,
Ce tristă-n jos apune,
Știu că mă ai în minte
Și-acum te gândești la mine.

Nu vrei să spui,
Nu vrei să mă privești
Și știi că-n inimă rămâi,
Știi că acolo tu domnești.

Cocorii

Cocorii-mi poartă anii vieții,
Dup-o iarnă-ntârziată,
Ce-a topit încet nămeții,
Peste gheața sfărâmată.

Petrecând pe aripi călătoare,
Văd o lume tare grăbită,
Spre-o cale întinsă-n zare,
Unde timpul nu se-agită.

E-o lume tare diferită,
Acolo nu ninge și nu plouă,
Acolo mă-ndrept obosită,
Zburdând pe norii cu rouă.

Cu al tău nume

Cu al tău nume scumpă țărișoară,
Eroii neamului pe buze au murit,
Fără să simtă moartea ce-i doboară,
Cu viața lor tribut ei au plătit.

Drapelul țării le-a acoperit când frigul,
Mușca din trupul lor săpând tranșee,
Ei nu simțeau, c-așa este românul,
În stâncă se transformă, de țara-i cere.

Nu vremurile vor schimba românul,
Chiar dacă pașii pe meleaguri poartă,
Va sta de strajă să-și apere tărâmul,
Atunci când primejdia-l atacă.

Cu căciula strânsă-n mână

Cu căciula strânsă-n mână
Și cu capul dezvelit,
Aplecat stai în țărână,
Român harnic, gârbovit.

Și nu poți ca altădată,
Capul să-l ridici semeț,
Să spui păsul ce te-ncearcă,
Să ai dreptul să grăiești.

Întristat și singuratic,
Nu știi cum de te-au răpus
Și te-au fript ca pe jăratec,
Răstignit ca pe-un Iisus.

Ți-au luat boii și caii,
Apoi casa bătrânească,
Pământul ți-au luat mișeii,
Chiar și limba strămoșească.

Din stăpân pe-a ta viață,
Ai ajuns pribeag prin țări,
Nu ai casă, nu ai vatră,
Vei trăi doar cu mustrări.

Apoi de-ar fi doar atâta,
Vei munci, vei face iară,
Însă vor să-ți ia credința
Și cu asta nu-i de șagă!

Gârbovit și plin de gânduri,
Te mai superi într-o doară,
Decât să sfârșești în scânduri,
Ți-amintești c-aveai o ghioagă.

Dacă molcom nu-nțelege
Și nu vrea orânduirea,
Să se-ntoarcă după lege,
Apoi să-i citim psaltirea!

Cuvinte aruncate

Cuvinte aruncate,
Pe-un obraz obosit,
Cuvinte nenumărate,
Cu ele m-ai pleznit.

Și fața primitoare,
În jos s-a aplecat,
E drept că doare,
Dar cugetu-i curat.

În brațul vieții-am poposit,
Slăbită de putere,
Când totu-n jur s-a prăbușit,
Cu vise și durere.

Apoi pe rând le-am numărat,
Gânduri multe și fapte,
Să caut o ieșire sau vreun sfat,
Să nu adun vorbe deșarte.

Și-n liniștea ce-a coborât,
Din noaptea furtunoasă,
Gândul curat s-a domolit,
Cuprins de somnul ce-l apasă.

Dac-ai ști

Dac-ai ști că-n nopțile târzii,
Doar luna tristă mi se-arată,
Că sub ea te-aștept să vii,
Dar tu nu vii niciodată.

Dac-ai ști cât dor se-așează uneori,
Pe inima ce plânge în tăcere
Și ochii fără lacrimi sunt mai goi,
Când triști se-apleacă peste gene.

Dac-ai ști, dar tu ești într-o altă lume,
Trăiești în ea fără să știi
Și gândul tău spre mine-apune,
Lăsându-mă să sper în fiecare zi.

Dac-ar fi

Dac-ar fi să plec chiar mâine,
Într-o lume făr-apus,
Știu că-n urma mea rămâne,
Inimi care le-am pătruns.

Și de-acolo aș împărți iubire,
Făr să gust din vreo tristețe,
Împărțind doar gânduri bune,
Din tolba plină cu povețe.

Dac-ar fi să-mpart ceva anume,
Liniște-aș împrăștia,
Să-mlânzesc această lume,
Ce-a uitat mereu de ea.

Aș înlocui palate,
Cu bordeie strămoșești
Și mașini ce-s aruncate,
Peste tot unde pășești.

Aș înlocui și cerul,
I-aș da un albastru viu,
Sub el să stea sufleţelul,
Când zburdă-n soare zglobiu.

Dacă tot

Dacă tot se vor atinge,
Anii ce se scurg ușor,
Din clepsidra care strânge,
Un nisip amăgitor.

Iar în juru-mi se va-ntinde,
Doar o lume de demult,
Care aprig mă încinge,
C-o ieșire fără scut.

N-oi petrece viața toată,
Făr de rost sau vreo trăire,
Când zorii mei se adapă,
Din lumina scursă-n mine.

N-oi dori să sting vreo pleoapă
Și să pierd calde priviri,
Ale lumii ce așteaptă,
Ale mele povestiri.

Voi împrăștia prin lume,
Dragostea ce strigă-n mine,
Îi voi da mereu un nume,
Când voi trece, ea ramane.

Dacă viața

Dacă viața nu se mișcă,
Iar bucuria s-a acuns,
Nu sta privind la ceruri tristă,
Există pentru tine un răspuns.

Caută, vâslește peste ape
Și scaldă-te în valuri,
Nu aduna gânduri deșarte,
Ridică-te, câștigă lauri!

Iar atunci când viața,
Searbădă se-arată
Și nu-ncepe bine dimineața,
Așa cum începea odată.

Și lacrimi se coboară,
Din ochii triști și abătuți,
Adu-ți în minte-o zi de primăvară,
Când fiind copil, tu alergai desculț.

Dansează, de-n surdină se aude,
O muzică imaginară,
Fii veselă, trăiește-n astă lume,
Iar tristețea descalț-o afară.

De ce omule

De ce omule,
Aduci necazul peste tine,
Mereu plângându-te,
Spunând că nu ți-e bine?

Cine durere îți împarte
Și cine spune vorbe grele,
În loc de vorbe minunate,
S-adormi fericindu-te cu ele?

Nu poți să fii tu fericit,
Din viață tu n-ai învățat,
Să fii om bun, să n-ai nimic,
Cu semenul ce Dumnezeu ti-a dat?

Ne-a dat pamânturi, lanuri, vii,
Munți și păduri cu falnici brazi,
S-aibă și-ai noștri dragi copii,
Pământul să-l îndestulați!

De poți

De poți în inim-a intra,
Să vezi în ce ape se scaldă,
Că nu e ca atunci cândva,
Plină de viață și nu goală.

De poți tristețea s-o atingi,
Cu mâna să-i dai o mângâiere,
Să n-o strivești și să n-o frigi,
Cu focul izbucnit din tine.

De poți în inim-a intra,
S-aduci și o lumină,
S-arunci tot întunericul din ea,
C-o bucurie mai senină.

De-ai ști blândețea s-o aduci,
În inima pierdută și tristă,
Fără de vorbe să arunci,
Ce o-ntristează și-o irită.

Dar tu privești în gol, pierdut,
Gândindu-te departe,
Nu știi ce fac sau ce-am făcut,
Nu știi ce cale ne desparte.

Despot și rege

Despot și rege deopotrivă,
Te-ai încoronat în grabă,
Pe-un popor ce stă să plângă,
Fără putere si vlagă.

Le-ai pus sămânța înrobirii,
În inima plăpândă și firavă,
Tu bietul om sortit pieirii,
Ce te-or săpa ca pe-o pârloagă.

Te lăfăi, te răsfeți, te bucuri,
Când jugul tare mai apasă,
La masa vânzătorilor te guduri,
Dar îți vor țese și ție-o plasă.

Și-n ea te-i zvârcoli ca animalul,
Ce-așteaptă securea să-l taie
Și va privi atunci norodul,
Nu va sări să-ți dea scăpare.

Căci ai nesocotit norocul,
În care Dumnezeu te-a uns,
Tu să-ți cinstești poporul,
Dar tu nu l-ai iubit, ci l-ai răpus.

Nu-ți meriți tu sorocul,
Din întâmplare te-ai rătacit
Și-ai luat în grabă locul,
Altuia care era sortit.

Te îmbată-acum c-ai vreme,
Doar că ceasornicul este pornit
Și el se mișcă, vremea cerne,
Să nu crezi că timpul s-a oprit!

Deșteaptă-te din somn

Deșteaptă-te din somn române!
Din somnu-n care cufundat,
Tu dormi și țara geme fără tine,
Că ești român, tu n-ai uitat.

Trăiești o viață ce-i dictată,
De hoți și trântori adunați,
Să vândă țara bucată cu bucată,
Pentr-o simbrie și pe-un aldămaș.

Tu dormi adânc române,
Dar ce vei face de-ntrebat,
Copiii tăi ce n-au un mâine,
Vor spune, tată ce-ai lăsat?

Trăim în viața deghizată,
Pășind cu teamă și fricoși,
Dar se va rupe ca o gheață
Și-om merge-n grabă acolo jos.

De vom înceta

De vom înceta să dăruim iubire,
Atunci vom începe cu cei de lângă noi,
Că sunt avari, nedemni de prețuire,
Lipsiți de sentimente și-n inimi ei sunt goi.

Ei cred că-ți dăruiesc iubire,
Când făr-a mai gândi,
Rup inima din tine,
Spunând că se numesc copii.

Nu știi că mama-i sufletul curat?
Nu știi că-n lume când ai venit,
Din trupul ei te-a alăptat
Și viața ei ți-a dăruit?

Ar trebui măcar o zi,
Ca cei ce mama nu-și iubesc,
Să rabde din durerea, de-a naște copii
Și astfel poate mama și-o cinstesc.

Din cerul

Din cerul presărat cu stele,
Se lasă fulgi de nea căzând,
Peste pământul care cere,
Zăpadă albă, covor sfânt.

Și totu-n zare se albește,
Peste-un tablou îngândurat,
În liniștea ce se-adâncește,
Când lumea-ntreagă s-a culcat.

Se-aude câte-un pas,
Pe strada care doarme,
E-un trecător colea ce a rămas,
Privind spre cer cu jale.

E frig și haina-i sărăcăcioasă,
N-acoperă trupul înghețat,
Că este ruptă și rămasă,
Așa de mult, c-a și uitat.

Și strânge pumnii fără vlagă,
Căci frigul rece l-a mușcat,
Ar vrea să bată la vreo poartă,
Să ceara un loc de-noptat.

Dar puterile-l lasă,
Fără vlagă s-a culcat,
Sub zăpada albă, deasă,
Ce încet s-a așezat.

Doar o treaptă

Doar o treaptă ți-a lipsit,
Ca să fii mai fericit,
Însă mândria ta zace,
Peste chipul ce se trece.

Foc și pară ai aruncat,
Dragostea ai sfârtecat
Și-ai făcut o rană care,
Se mărește și mai tare.

Mâna nu ți-ai aplecat,
Peste rana ce-ai săpat,
Nici măcar nu ai privit,
Cât de tare m-ai strivit.

Dar va trece vremea rea,
Rana se va vindeca
Și mi-oi pune flori în loc,
Ca să-mi aducă noroc.

Domnu-și ia pruncii

Domnu-și ia acasă pruncii,
Că s-a săturat să-i plângă,
Când ei sunt în mâna fricii
Și în ajutor îl strigă.

Și-apoi lacrimi se ridică,
După pruncii ce-au suit,
Pân-acolo sus pe cruce,
Unde Domnu-i răstignit.

Domnul plânge și privește lumea,
Cum aleargă fără vlagă,
Adunând cu mare sârg pulberea,
În mâini slabe de ocară.

Nu-ntreabă de ce pământul,
Ce era odată sfânt,
S-a închinat la antihristul,
De la mare pan' la mic.

Nu întreabă de ce copiii,
Ce-au primit al său pământ,
Nu au loc și ca martirii,
Se sfârșesc pe plaiul sfânt.

Domnul n-a întrebat vreodată,
Dacă darul cuvenit,
Este bine să-l împartă,
Cu-orișice binevenit.

Mor în grabă și spre ceruri,
Urcă pruncii împăcați,
Că le-așteaptă acasă Domnul,
Printre regi și împărați.

Dorul

Dorul, un lung șirag de suferințe,
Ce sufletul ți-l leagă,
Un munte-ntreg de rugăminți,
Ce-ți străpunge inima-ntreagă.

Mănunchi de stele adunat,
Când noaptea-ncet se lasă,
Ce ți le pune ție-n pat,
Șoptindu-ți cât ești de frumoasă.

Dor, fior plăcut, frumos,
Ce-mparți tu inimi și destine,
Te-ai strecurat fără vre-un rost,
Când te-ai atins ușor de mine.

Te-arunc, apoi alerg înapoi,
În brațe să mă ții,
Cu tine să-mpart soarele-n zori,
Atunci când vrei să mai rămâi.

Dragostea

Dragoste și suferință,
Pe rând toate le-am gustat
Și prin milă, prin căință,
Drumul drept l-am căutat.

Dragostea și suferința,
De-n inimă s-au cuibărit,
M-am lepădat de ființa,
Transformând-o în granit.

Anii au trecut și eu m-am vindecat,
Când ochii-n lacrimi s-au aprins
Și mâini spre cer am ridicat,
Vorbind în taină sfinților părinți.

Ei au fost blânzi

Ei au fost blânzi și au fost sfinți,
Bunii noștri dragi părinți,
Cu trudă multă și-au dus viața,
Uitând când se face dimineața.

În spate dârji ei ne-au cărat,
Când viața-n greu ne-a aruncat
Și n-am simțit cât e de greu,
Căci ei vorbeau cu Dumnezeu.

Iar anii repezi au trecut,
Ei au plecat și i-am pierdut,
Noi greul lor nu-l ridicăm,
Dar nici de bine nu mai dăm.

Avem lipsă de părinți,
Dragii noștri sfinți, cuminți,
Să ne-aline, să ne-nvețe,
Avem lipsă de povețe!

Este atâta alergare

Este atâta alergare după vânt,
Când omul năvălește ca o furtună,
El nu știe că viața e scurtă pe pământ
Și-atunci când moare, nu lasă vreo urmă.

Este atâta foame după titluri și numiri,
Când viața printre degete se scurge
Și-ajungi om singur și apoi te miri,
Că nimeni pragul nu-ți atinge.

Prin foame, alergare și calvar,
Aduni multă singurătate,
Omule pașnic fără de habar,
Ce-ți lași viața să stea deoparte.

Nu știi să râzi, să zburzi de fericire,
Nu știi să plângi,
Atunci când altul suferă lângă tine
Și-apoi mori singur, fără să iei nimic.

Cât te-or mai ține alergările,
Să vezi că ești un călător pe-acest pământ,
Să-ți amintești că numărătorile,
Le ține doar acel ce-i sfânt?

Coboară-ți în jos privirea trufașă,
Privind la tot ce-ai lăsat în urmă
Și întoarce-te ca un copil din fașă,
Fără să ai vreo patimă nebună!

Este crăciunul

Este crăciunul
Si bucurie ne aduce,
Mai vine și anul acesta bunul,
Cu traista grea ce-abia o duce.

Este crăciunul
Și daruri alese,
Înconjoară tot bradul,
În noaptea blândă și dulce.

La ușa inimii ne bate,
Un moș întârziat,
Mă-ntreabă de am fost cuminte
Și bradul de l-am terminat.

Este crăciunul,
Pentru mari și mici,
Este crăciunul,
În inimă, de veacuri aici.

Deschide poarta,
Ca moșul să intre,
Să deșarte desaga,
C-ai fost tare cuminte!

Este vremea

Este vremea când istoria se scrie,
Fără granițe și fără de-nvoiri,
Când omul nu mai are omenie
Și când tratatele zac printre hârtii.

Este-o lume-n care se așterne,
Tăcerea dinaintea unui val,
Când țara striga și geme,
Dar strigă-n zadar.

Copiii țării toți aleargă,
Peste granițe necunoscute,
Lumea întreagă e pribeagă,
Nu știe unde să se mute.

De-or veni unii sau alții,
Puterea țării n-o s-o schimbe,
Căci șad pe scaune înalte,
Oameni de fală, favoriții.

Este ziua mamei

Este ziua mamei mele,
A mamelor din lume,
Sunt unice că ele,
Ne-au dat viață și un nume.

Nu știm ce-nseamnă mama,
Nu știm cum tristețea i se-așterne,
Când ea o ascunde sub năframa,
Care-o șterge și-i trece.

Nu știm cât prețuiește mama,
Când în brațe ne-nconjoară
Și nu lasă lipsa, boala,
Să ne-atingă, să ne doară.

Iar când mari pășim în viață,
Ne trimite gânduri sfinte,
Inima-i nu se răsfață,
Viața nu-i merge-nainte.

Ești pui de dac

Ești pui de dac române
Și sângele ți se zbate,
Când străinul de lângă tine,
Picioru-ți pune-n spate.

Ești pui de dac, știi bine,
Istoria ti-a spus,
Ce stă săpată-n tine
Și-n sângele strămoșilor ce-a curs.

Ești dac pe veci române,
Nu accepta jugul străin,
Ridică-ți capul cu mândrie,
Nu te pleca celui hain!

Eu am iubit

Eu am iubit și încă mai sper,
Că există o dragoste adevărată,
Că este undeva o ea și un el,
Ce viața-n dragoste-și desfată.

Eu am iubit și stelele pe cer,
Ce răsărind în plină noapte,
Sorb frumusețea de sub el,
Îmbrăcându-se în șoapte.

Eu am iubit și poate că iubesc,
Cu inima plăpândă,
Cuvinte dragi ce-mi povestesc,
Despre o dragoste flămândă.

Eu vin

De câte ori îngrijorarea vine
Si mâna dorului m-apasă,
Mă cufund în umbra amintirii,
Unde gândul mă poartă pe-acasă.

La ușa casei larg deschisă,
Măicuța mă așteaptă-n prag,
Zâmbind și tare fericită,
Spune că iar m-a așteptat.

Și-mi spune vorbe ce m-alintă,
Cu dragoste în vocea-i blândă,
Iar inima mi se-nfierbântă
Și ochii-n lacrimi se inundă.

Apoi când visul mi s-a spulberat,
Mă prăbușesc pe-o pernă-nlăcrimată,
Măicuță iarăși ai plecat,
În ceru-nalt ce te așteaptă!

Flacăra iubirii

Răsar lumini în părul tău,
Pe buze-ți cade roua fericirii,
Când sprijinești capul mereu,
Pe pieptul tare al iubirii.

Parfum de trandafiri se-mbină,
Când tu rostești al dragostei cuvânt
Și mă-ncălzește-o rază de lumină,
Pe ochi, pe față și-n sufletul adânc.

Te caut noaptea printre stele,
Iar ziua soarele îmi spune,
Că ești în gândurile mele,
Tu nu faci parte din această lume.

Gândurile noastre

Gândurile noastre,
Poate că într-o zi,
Vor face cale printre astre
Și poate se vor întâlni.

Gândurile bucuriei,
Ce-au izvorât din noi,
Vor trăi și-n veșnicie,
Fără lacrimi și nevoi.

Gândurile au rămas,
Ca să stea mereu de veghe,
Fără să priveasc-un ceas,
N-au apus fără de vreme.

Gândurile au ascuns,
Vorbe ce puteau s-aline,
Inimi triste ce s-au dus,
Pe cărări mereu străine.

Și-au rămas doar gânduri rare,
Ce-au trăit și mai trăiesc,
Intr-o veșnică-ntrebare:
De ce n-am spus ce gândesc?

Iarna copilăriei

Mi-e dor de tine,
Iarna copilăriei mele,
Mi-e dor de acele zile
Și-acum visez la ele.

Mă văd copil cu-obrajii înghețați,
Râzând și adunând zăpada,
Lângă copiii adunați,
Să-ntâmpinăm cu bucurie iarna.

Cu sănii alergăm pe derdeluș,
Făcând oameni de zăpadă,
Lunecând pe lunecuș,
Ne-mpingem și cădem grămadă.

Iubirea

Iubirea nu e trecătoare,
E-un dor ce trăiește-n simțiri
Și de-ai pierdut-o doare,
Tu vrei în preajma ei să fii.

Nici sorții nu se mai arată,
Să-ți spună de-i înlocui,
Iubirea ta adevărată,
Fără vreun leac să-l știi.

Iubirea nu este-o cântare,
Să spui că poate ai uitat,
O strofă luată la-ntâmplare,
Ce-n inimă s-a strecurat.

Împovărată

Împovărată de-ale mele gânduri,
Trăiri, simțiri și lacrimi,
Uitat-am să-ti scriu niște rânduri,
Dup-ale strămoșilor datini.

Mi-e dor de-o lume,
Ce-i de mult trecută,
Cu lacrimi vărsate pentru tine,
O lume săracă și sfântă.

Acum sunt oameni ce se mișcă,
Dintr-un anotimp în altul
Și pentru ei nu mai există,
Decât grija ce face unul și-altul.

Nu pot s-accept această lume rece,
Ce nu-ți aduce ție închinare,
Cu viața răvășită care trece,
Fără vreun sens sau vreo valoare.

Doar tu în inimă sălășluiești
Și ție dragostea ți-o dăruiesc,
Căci tu Isuse drag îmi ești,
În fața ta mă-nchin, te preaslăvesc.

În amintirea anilor

În amintirea anilor care s-au scurs,
Mă-ntorc cu gândul câteodată
Și văd ce repede s-au dus,
Nimic nu seamănă cu altădată.

Mai simt mâinile măicuței mele,
Ce creștetul mi-l mângâia,
Când sufletul scăldat în jale,
Povața ei o căuta.

Mă-ntorc la clipe care-odată,
Erau comori în viața mea,
De cei iubiți înconjurată,
Aveam avânt, aveam ceva.

Acum timpul stă pe loc,
N-are importanța de-altădată,
N-are forță, n-are spor,
Căci lumea de acum e preschimbată.

Ștefania Rotariu

Încătușată

Încătușată-n trista carantină,
Ascunsă-n umbra geamurilor goale,
Astepți, sperând ca cineva să vină,
Dar nimeni casei nu-i mai dă târcoale.

Nu se aude poarta scârțâind,
E-nchisă, ca nimeni să nu intre,
N-auzi glasuri, pe nimeni n-auzi vorbind,
Nu știe nimeni, cu tine ce se-ntâmplă.

Gândești că-n agonie te vei frânge,
Fără ca nimeni la căpătâi să-ți plângă
Și făr-o lumânare ce s-o stinge,
Când nu e nimeni care s-o aprindă.

Privești în gol și lacrimi îți brăzdează ochii,
În timp ce liniștea se adâncește-n tine,
Te-ntrebi ce ai greșit, ce i-ai făcut tu sorții,
De stai închisă, din ordinul stăpânirii.

Și numeri clipele ce se transformă-n zile,
Noaptea nu-i diferită de vreo zi,
Nu găsești lumea care se ascunde,
Dispare deodată-n galaxii.

Te simți singură pe lume,
Stingheră, hulită și abandonată,
Nimeni nu pleacă și nimeni nu vine,
Pentru tine lumea este dispărută.

Această liniște sumbră și stingheră,
Îți aduce gânduri și tristețe,
Nu este scurtă și nici pasageră,
E-o liniște ce-ți face inima să-nghețe.
Smerită parcă de-atâta zbatere avară,
Te-ntorci cu pașii ce-au desenat umblarea,
Nu poți să ieși, n-ai ce să faci afară,
Acolo te găsești doar tu și zarea.

În ceasul liniștit

În ceasul liniștit al nopții,
Clipele trag să moară,
Se sting pe rând în mâna sorții,
Fără să simtă, fără să doară.

Se scurg sub ticăitul rece,
Ce-mi mângâie auzul,
Când pe fruntea asudată trece,
În mare grabă gândul.

De mâine luna s-ar ascunde
Și soarele n-o răsări,
N-are nimeni rost a plânge,
N-are nimeni ce jeli.

S-a rupt o frunză dintr-un pom,
Al vieții care ne împarte,
Un loc sub soare și un drum,
Ce duce undeva departe.

Nu spun că lumea e nemuritoare
Și locul ei sub soare nu e sfânt,
Ci spun că lumea-i trecătoare,
Asemeni lumii și eu sunt.

Încerc să scriu

Încerc să scriu un vers,
Dar vine-o tăcere mută,
Iar versul se topește-n mers,
Pe-o cale ce-i necunoscută.

Și-n liniștea ce firavă-și lasă,
O boare leneșă și surdă,
M-opresc cu mâna pătimașă,
Pe-o literă ce se preumblă.

Și-un gând se adună-n vălmășeală,
Căutând cuvinte grele, fără sens,
Vestind o cruntă oboseală,
În care eu respir, trăiesc.

În mâna mea

În mâna mea cuprind,
Căldura mâinii tale
Și-ncet, ușor o strâng,
Apoi fugim râzând în soare.

Mi-a fost dor,
Atat de dor de-o îmbrățișare,
Când clipe triste tare dor
Și-mi plâng a mea ardoare.

Acum împăcat sufletul,
El poate să cuprindă,
Întreg și necuprins nemărginitul,
De la cer si până la marea flămândă.

În praful lumii aspră

În praful lumii aspră și modernă,
Mă simt adesea tare obosită,
Ne-nțelegând de ce se zbate lumea-n beznă,
De ce devine tot mai oropsită.

Valorile ce ne erau cândva stindarde,
Sunt înșfăcate de trădătorii nebuni
Și-ascunse sau trimise hăt departe,
Să scape de averea, lăsată din străbuni.

Văd cum s-a așternut o lume pestriță,
Cu datini noi de la străini luate,
Zbătându-se să crească și imită,
Schimbând trecutul șters din carte.

Este urâtă-această arătare,
Fardată strident și îmbrăcată-n minciună,
Aleargă repede spre a ei pierzare,
Lasând praful deznădejdii-n urmă.

În valuri

În valuri lacrimi curg șiroaie,
Prin vântul ce adie-ncetișor,
Când sursurul izvorului inima-nmoaie
Și lacrimile calde se rostogolesc de zor.

Mi-e dor de tine Românie,
De locuri desenate ca în basm,
Scăldate-n soarele ce-mbie,
De departe gândul trist, pribeag.

Inima-mi plânge-n sunet de baladă
Și-n piept dorul tare arde,
Aș vrea să plec, să fiu acasă iară,
În trecutul uitat, ce nu se mai întoarce.

Lacrimi în Decembrie

Lacrimi în Decembrie curg,
An de an în amintirea,
Eroilor ce-au fost, ce sunt,
Pentru ei plânge România.

Lacrimi triste, reci și șterse,
De avarul timp prea mult,
Ne întoarce făr să-i pese,
Într-un Decembrie ce-a trecut.

Nu trăim mai bine-n țară,
Nu avem ce ne-am dorit,
România milenară,
Se destramă câte-un pic.

Lacrimi curg numai în Decembrie,

Izvoru-i bogat încă n-a secat,

România strigă și geme,

Nimic nu-i nou, nu s-a schimbat.

La mulți ani!

La mulți ani la fiecare,
Vă aduc câte-o urare,
Anul care stă să vină,
Să vă aducă lumină,
Să vă bucurați de toate,
În belșug cu sănătate.
Casele să fie pline,
Mese încărcate bine,
Să primiți colindători,
Până dimineața-n zori,
Să le dați bani și colaci,
Că voi sunteți gazde dragi,
Mai sunați din zurgălăi,
Români dragi, românii mei!
Hăi! Hăi!

Limba noastră

Limba noastră-i izvor care,
Revărsat pe buze curge,
Inimii ii dă vigoare,
Când auzul ni-l străpunge.

Dulcea vorbă românească,
Naiul peste munți și văi,
A cântat-o să renască,
Din strămoși în fiii săi.

Nu-i o limbă mai duioasă,
Decât limba românească,
Îți aduce dor de casă,
Dor de glia strămoșească.

Mai am un dor

Mai am un singur dor,
În țara mea s-ajung să mor
Și-n straiul scump cel strămoșesc,
Mândră și-n taină să pășesc.

Să calc în grabă norii grei,
Să las în urmă anii mei,
Să uit de oboseala ce m-apasă,
Când se așează dorul greu de casă.

Să zbor, pământul să n-ating,
Piciorul zvelt să nu mi-l frâng,
Să fiu ușoară ca o pană,
Când plec în lumea milenară.

Te las eu lume și-am să plec,
De tine-n grabă mă dezleg,
M-ai apăsat în greutăți,
M-ai pus s-aleg prea multe dăți.

Mai vino

Mai vino Doamne,
Pe pământ coboară
Și schimbă astă lume,
Să fie ca odinioară.

Zdrobește cu călcâiul tău păcatul
Și rupe lanțurile grele,
Căci ne-a legat unul de altul,
În păcat și în durere.

Nu știm de-n astă lume,
Speranța mai răsare,
Nu știm ce este bine
Și nici păcatul cât este de mare.

Nici cerul nu mai rabdă
Și lasă nori să curgă,
Răsfiră întunericul pe-o salbă
Și-ascunde lumea-n umbră.

Mama

Cu ochii-nchiși și mintea-ngândurată,
Privesc în vremuri când eram pe-acasă,
Te văd cum sufli-n foc, ce se aprinde-n vatră
Și-ți prinzi părul sub o basma frumoasă.

Apoi o mână o-ntinzi spre-o cergă
Și-o desfășori pe corpu-mi adormit,
Te uiți prin casă căutând în vervă,
Să nu trântești ceva, că m-ai trezit.

Te-mbraci în camera întunecată,
Făcând un ritual unic, duios,
Când hainele ți le-ncălzești la vatră,
Apoi le pui pe chipul luminos.

Cu mâinile plăpânde și mult prea firave,
M-atingi pe frunte să-mi dai un sărut,
Le dregi prin casă lucrurile toate,
Privindu-mă cum dorm și cât am mai crescut.

Mama scumpă

Mama, scumpa mama,
Ne șterge lacrimi care curg,
Le șterge cu năframa,
Căci ne iubeste-atât de mult.

Și-n brațe ne primește,
Când triști ne-adăpostim,
De ploaia vieții ce pornește
Și ne macină în chin.

Cu drag ea tot împarte,
De parcă bogății ar ține,
Nimic n-are deoparte,
Nimic nu-i pentru sine.

M-am scăldat

M-am scăldat în cuvinte,
Din inima-ți trimise,
Le țin și le păstrez în minte,
Acolo stau, sunt scrise.

Și-atingerea suavă,
A sunetului drag,
Din vocea-ți blândă, caldă,
Cu ea m-am dezmierdat.

Sunt calmă, liniștită,
Căci oboseala mare,
S-a dus si nu mi-e frică,
Stau doar în așteptare.

Când somnul se așterne,
Peste ochii mari, deschiși,
Să-i ascundă după gene,
În liniștea ce i-a cuprins.

M-alungă timpul

M-alungă timpul printre amintiri
Și-mi umple cu blândețe chipul,
Privind cum stropii curg zglobii,
Fără să-și piardă ritmul.

Și-n liniștea tăcută, așezată,
Doar muzica de-afară se aude
Și câte-o vorbă-n noapte aruncată,
De-o fată ce strigă și fuge.

Aș vrea să dorm,
Dar mâinile vor să culeagă,
Slove calde ce au spor,
Când cuvintele aleargă.

Aș scrie-o poveste într-un vers
Și-n inimi calde-aș pune,
Lumina care m-a cules,
S-o las să lumineze-n lume.

Mă cert

Mă cert în noapte cu tristețe,
C-o inimă ce nu-ncetează,
Îi dau motive și povețe,
Dar ea rămâne mereu trează.

Caută bucuria aprinsă,
De-o lumină ce de mult s-a stins,
Și doborâtă dar ne-nvinsă,
Încearcă să evadeze dinr-un vis.

Nu găsește-n nimic plăcere,
Căci zilele-i sunt aspre, fără soare,
Norii se plimbă printre ele-alene,
Împrăștiați pe tot cerul mare.

Măicuța mea

Măicuța mea fără prihană,
Cu ochi albaștri și senini,
În preajma ta se trece-o rană,
Când îmi trimiți miros de crini.

Plecată pentr-o vreme din astă lume,
Te-ai dus cu gândul meu curat,
Dar vine ziua cea de mâine,
Când sufletu-n iubire va fi mângâiat.

Și-n cer departe de-astă lume,
Te rogi măicuță ne-ncetat,
Cu zâmbetul plin de iubire,
Pe Dumnezeu l-ai îmbunat.

Te simt, te văd în somnul greu,
Când vii să-mi dai pe frunte un sărut,
Cu dulce și suavul glas al tău,
Îmi spui că mă iubești atât de mult.

Mă joc cu timpul

Mă joc uneori cu timpul,
Când îl dau încet înapoi,
Întorcându-mă în răstimpul,
Unde eram copii și noi.

Știam ce-nseamnă bucuria
Și-un obiect oricât de mic,
Aprindea în noi mulțumirea
Și bucuria c-am primit.

Eram mulțumiți și fericiți,
Știam să dăm vieții valoare,
Să iubim ai noștri părinți,
Văzând prin ei viitorul cel mare.

Mi-am scris

Mi-am scris pe inimă,
Demult numele sfânt al tău,
Să-nfrunt fără de teamă,
O viață lângă Dumnezeu.

Iar buzele-n dulceața rugăciunii,
În mare taină le-am aprins,
Să-i cânt cântarea nemuririi,
Dumnezeului fără de cuprins.

Doar tu-mi ești Domnul
Și-n tine plăcerea mi-o găsesc,
Pășind de mult pe drumul,
În care vin să te-nsoțesc.

Iar de-o fi viața cu nevoi
Și tot mai aspră vine,
Nu m-oi da Doamne înapoi,
Căci știu că ești cu mine.

Dureri și lacrimi le voi șterge,
Mergând cu tine mai departe,
Tu-mi vei fi tată, vei fi rege,
În tine speranța mi se zbate.

Mimăm

Mimăm o dragoste ce-i rară
Și n-o lăsăm între generații,
Înlocuind-o c-o banală,
De corpuri frumusețe-atracție.

Bărbații nu dăruiesc flori,
Nu vin grăbiți la prima întâlnire,
Iar fetele nu simt fiori,
Dacă bărbatul șoldul îl cuprinde.

Cuvintele iubirii nu șoptesc,
Nu mai cunosc al dragostei dor,
Nu stiu că-i sfânt acel te iubesc,
Nu știu să spună fără tine mor.

Nimic nu este ca-nainte,
Iar sentimente-năbușite mor,
Nu se rostesc ale dragostei cuvinte,
Căci oamenii au inimi lipsite de dor.

Munții noștri aur poartă

Munții noștri aur poartă,
Noi cerșim din poartă-n poartă,
Că nația noastră-i moartă.

Am lăsat stăpânii să ne-nfrunte,
Nimeni nu vrea să-i înfrunte,
Că n-avem oameni de frunte.

Ne temem și stăm cuminți,
Chiar de suntem chinuiți,
Înghițim pentru arginți.

Viețile ne sunt arvună,
Pentru viața tare bună,
Zugrăvită în minciună.

Bogații ce ne lăsară,
Bunicii în chin să moară,
Nu le-am găsit nici-o vină.

Nu gândim la viitor,
Nu ne pasă de popor,
Nici de dragul pruncilor.

Ne gârbovim

Ne gârbovim triști și abătuți,
Sub o mână nevăzută,
Ce ne dezbracă și ne lasă desculți,
C-o demnitate de mult pierdută.

N-avem drepturi doar nevoi,
Suntem amarnicii robi,
Bălăciți și aruncați în noroi,
De românii vânzători și orbi.

De anii-n care omul era om,
Ne amintim cu lacrimi șiroind,
Pe fața arsă de pământ străin,
Pe unde pașii ni se pierd trecând.

Pământul nostru s-a înstrăinat
Și n-are loc pentru tine române,
Deși strămoșii tăi hotaru-au apărat,
Să-l lași în urmă după tine.

Dar stăpânirea oamenilor răi,
Un amarnic plan și-a făcut,
Să fim pe drumuri sărăciți și goi,
Căci țara-ntreagă ne-au vândut.

Nu mai avem vatră și nici străbuni,
Istoria se șterge de pe pagini,
Începem să nu mai fim români,
Lepădându-ne de nume și de datini.

Cuminți cu capul aplecat,
Sub sabia nepăsării,
Pe drumul Golgotei ne-am îndreptat,
Lăsând prăpădul, ce-n urmă rămâne.

Ștefania Rotariu

Nici astăzi

Nici astăzi n-am dormit până-n zori,
Căci gândul către tine iar mă poartă,
Încerc să uit, dar uneori,
Fiorii calzi în mine se deșteaptă.

Și iar mă-ntorc în amintiri,
Gândind că poate va fi bine,
Tu ești departe și n-am știri,
Când te-i întoarce iar la mine.

Privesc cum ziua se desparte
Și noaptea se topește-n zori,
Luând cu ea stele departe,
Ce le răsfiră printre nori.

Iar somnul dintr-odată piere,
Mâ-ntorc în mica odăiță,
Gândind că iar n-ai fost cu mine
Și inima îmi șade tristă.

Nici-o floare

Nici-o floare n-am privit,
Chiar de-i primăvară,
Doar un ghiocel rătăcit,
L-am cules din parc, de-afară.

În palma mea l-am sărutat,
Peste petale albe, fine,
Mirosul lui m-a îmbiat,
Să-l păstrez și pentu tine.

L-am pus în carte-n dormitor,
Să-l mângâi printre slovele citite,
Să-mi treacă dorul călător,
Când l-oi trimite să te-alinte.

Ninge-n amintiri

Ninge-n amintirile mele
Și-mi coboară bucuria-n suflet,
Mă văd copil zburdând fără de vreme,
Pe străduțe ce-n zăpadă se ascund.

Apoi în liniștea de-odinioară,
Când în casă ne-am adunat cu greu,
Bunica blândă, bălăioară,
Ne deapănă povestea despre-un zmeu.

Și somnul pe furiș coboară,
Peste corpul obosit,
Nu simt răceala de afară,
Troznește focu-n vatră, iar eu am ațipit.

Nu-mi adun

Nu-mi adun gândurile,
Ce fug și se-ntorc iară,
Adun cu grijă rândurile,
Ce te croiesc și te-nfășoară.

Te-mbrac în cuvinte mlădioase,
Pe buze încă le păstrez,
Sărut și fața ta frumoasă,
Apoi dup-un sărut încerc să plec.

Dar pașii leneși se-ntorc iară,
Când lângă tine se opresc,
Te cercetează și te-adoră,
Ca pe-un dar frumos, ceresc.

Nu pot a măsura

Nu pot a măsura,
Iubirea-mi sortită ție,
Nu pot a căuta,
O altă viață, poezie.

Tu ești versul ce coboară,
Pe buzele-mi dorite de iubire
Și-ți scriu când noaptea se strecoară,
Durând parcă de-o veșnicie.

Ești umbra ce mi-a furat inima
Și-ai dus-o departe cu tine,
Lâsându-mi doar promisiunea,
Că zilele vor fi frumoase și senine.

Tu ești un înger ce-ai căzut,
Din șirul răvășit de stele
Și-n mâna mea te-ai așternut,
Să dai lumină vieții mele.

Nu-ntreb destinul de te-oi pierde,
Prin vremuri care se vor scurge,
Sau poate zilele s-or șterge,
Fără să știm unde ne-om duce.

Sunt gânduri pline de deșetăciune,
Sau poate frica-n mine se așterne,
De-ar fi să rătăcesc prin lume,
Te-oi căuta și nu te-oi pierde.

Nu pot a scrie

Nu pot a scrie iar poeme,
Când inima-n tristețe se coboară,
Iar lacrima în graba ei se cerne,
Pe fața tristă, rece ca de ceară.

Nu pot a-mprăștia fericire,
Când noaptea fără noimă se petrece,
Privind cerul sărac, fără vreo licărire,
Cu strălucirea lui ce trece.

Oare cum să cred,
Că bucuria mai există,
În anii repezi ce se trec,
Prin strecurătoarea lor prea tristă?

Nu suntem mândri

Nu mai suntem mândri de nimic,
Gândurile și visele noastre sunt invizibile,
De când ne-ați furat identitatea,
Ascunzând-o dup-o mască.

Nu mai suntem nimic,
Decât niște numere scrise-n grabă,
Pe-o foaie albă de hîrtie,
Când corpurile sunt aruncate-n ghenă.

Nu mai simțim nimic,
Decât sforile strânse,
Ale unei cârpe de stambă,
Legată pe fețele noastre.

Nu mai dorim nimic,
Decât să fim lăsați în pace,
Nu mai putem zâmbi,
Sub măștile care ne-ascunde.

Ne-ați furat soarele și curcubeul bucuriei
Și-n schimb ați colorat viața-n negru,
Cu zile surghiunite-n singurătatea tristeții,
În care ne scufundăm zi de zi.

Nu te vreau

Nu te vreau înapoi,
Nu vreau să chinuiesc,
Iar de gândești că suntem doi,
Eu după tine nu tânjesc.

Chiar singură de voi sfârși,
Viața va fi mai frumoasă,
La tine eu nu m-oi gândi,
Să te păstrez ca pe o plasă.

M-ai țintuit ca pe-un pește,
Prins în plasa slugărniciei,
N-ai știut ce se petrece,
De-mi este rău sau bine.

O inimă

O inimă nu poate,
Trăi din bucățele,
O inimă jumate,
Stă despărțită-n durere.

Căci jumătatea care,
Era pe veci sortită,
S-a dus în depărtare,
Prea repede grăbită.

O inimă se zbate,
Când lacrimi grele curg
Și-i ruptă-n jumătate,
De mâna ce-a iubit.

Ștefania Rotariu

O lacrimă

O lacrimă se cerne,
Din ochii-ndurerați
Și curge în neștire,
Că-s anii numărați.

Aștept ceva din lume,
Aș vrea să mai culeg,
Privind printre fărâme,
Un vis zadarnic, sec.

S-a frânt poate devreme
Și-n inim-a pătruns,
Un gând care mult geme,
Sperând că-i doar un vis.

Omul lasă umbra

Omul își lasă umbra,
Pe pământul gol,
Când părăsește lumea
Și pleacă călător.

Pe meleaguri neumblate,
Pașii lui călătoresc,
Unde nu-s case, palate,
Nici lucruri ce-i folosesc.

Pleacă singur
Și-n tristețe,
Vrea să-ntoarcă timpul,
Care să îi dea povețe.

Însă numai omul și umbra,
Trăiesc împreună călători,
Când mică-i este lumea
Și-n ea încape doi.

Pășesc singură

Pășesc singură-n tăcerea nopții,
Sub un cer cețos,
Sub pașii mei troznesc crenguțe,
Căzute de mult pe jos.

E frig și gerul mușcă din mine,
Încep să tremur câte-un pic,
Iar mâna țeapănă rămâne,
Prin aer dacă mi-o ridic.

Ascult tăcerea rece,
Ce toarce fumegând,
Un gând ce vine, trece
Și mă-ntreabă cine sunt.

Eu sunt călătorul care vine,
Dintr-o lume caldă și frumoasă,
M-am rătăcit și nu știu bine,
Întoarcerea de-acasă.

Pentru tine Eminescu

Pentru tine Eminescu,
Luceafărul nu doarme
Și ține-n mână universul,
Întins fără de margini.

În versuri l-ai cântat,
Cu buciumul departe
Și sunetul i s-a urcat,
Până la stele-mprăștiate.

Pe deal se mai aude,
Un cântec trist, duios,
Ce inima străpunge,
Când stai pe iarbă jos.

Și dealul te mai cântă,
Când noaptea-ncet se lasă,
Căci ai săpat în stâncă,
Inima ta duioasă.

Plâng

Plâng pentru tine, pentru noi,
Pentru țara ce se zbate,
În neajunsuri și-n nevoi,
Pentru planurile deșarte.

Pentru copiii ce-n leagăn plâng,
Fără sprijin și-alinare,
Într-o țară, pe-un pământ,
Ce se zbate fără-ncetare.

Pentru oameni care sunt,
Într-o Românie mare,
Fără granite și fără pământ,
Doar în lipsă și-așteptare.

Oare ce-o veni
Și cine se gândește,
La ai țării viitori copii,
În lumea care se sfârșește?

Primăvara

Primăvara a sosit,
Iar primii ghiocei,
În grădină-au răsărit,
Acoperiți de stropii grei.

Și pomii albi strălucitori,
În soare se răsfață,
Stau incărcați cu albe flori,
Mirosul lor te-mbată.

Zăpada este-mprăștiată,
Puterea ei s-a stins,
Acum în apa adunată,
Mai lasă urma unei ierni de vis.

Privesc o clipă într-o grădină,
De mult imaginară,
Cândva eram și eu copilă,
Zburdând vioaie-n primăvară.

Privirea

Privirea ți se-ntoarce înapoi,
Când gânduri năpădesc peste tine,
Mă-ntreb ce s-a întamplat cu noi,
De te-ai îndepărtat atât de mine.

Te treci ca ceața ce dispare,
Nici capul înapoi nu-l mai întorci,
Te duci în lumea ta cea mare,
Care-i o lume plină de uituci.

Acolo dragostea dispare
Și inima-i doar un mister,
Ce-ascunde vorbe fără de valoare,
Când buzele le-aruncă de pe nicăieri.

Umbra adâncă și cețoasă,
Ia o parte din inima mea,
Și-o pune-n mâna ta frumoasă,
Când pleci grăbit cu ea.

Sărutul nopții

Sărutul nopții se așterne,
Peste buze ce așteaptă,
Sărutarea mai devreme,
A nopții rece-ntârziată.

Apoi un înger se desprinde,
Din cerul care-i prea înalt
Și aripile își întinde,
Să lase un sfânt sărutat.

Pe pleoapele ce s-or închide,
În somnul dulce și suav,
Ce-aduce vise care-s pline,
C-un peisaj mai colorat.

Și pași s-or ridica ușori,
S-alerge zglobii până la soare,
Apoi să se coboare peste nori,
Să-i plimbe prin noaptea cea mare.

Să-ți culeg

Să-ți culeg din păr tăceri,
Să le-arunc prin depărtări,
De pe buzele-asudate,
Să-ți șterg vorbele-ți uitate.

Să-ți ating ochii zglobii,
Cu-n sărut ce nu-l mai știi,
Suflet rece făr-un rost,
Ai distrus ce-a fost frumos.

Cerul l-ai înourat
Și pe suflet mi-ai călcat,
Inima-ai rupt-o în bucăți,
M-ai rănit prea multe dăți.

Ai plecat și am plecat,
Ceru-n urmă s-a întristat
Și cuvintele s-au stins,
Tu te-ai transformat în vis.

Visul încă-l mai visez,
Când la tine mă gândesc,
Dar coșmarul ce-ai lăsat,
Viața mi-a încătușat.

Lanțuri grele s-au întins
Și în ele m-au cuprins,
N-am crezut că vraja lor,
Este hrana rănilor.

Să-ți spun

Să-ți spun cât doare,
N-aș putea,
N-am cuvinte să măsoare,
Ce zace-n inima mea.

Să-ți vorbesc despre tristețea,
De vreun drum prea lung,
Pe care hoinărește bătrânețea,
De care mă ascund și fug?

Mi-au albit tâmplele,
De-atâta durere si tristețe,
Nu stiu dacă visele,
Mi-au înoptat pe undeva răzlețe.

Sunt prea bătrână,
Pentru învălmășeala durerilor,
Ce-au săpat în mine-o fântână,
Din care se-adapă în curgerea zilelor.

Iar când capul mi-l aplec,
Rezemată de-o stâncă,
Oare pot să mai petrec,
Atât cât dureaza o clipă?

Se arată dimineața

Se arată dimineața
Și gerul greu se-ntinde,
Împrăștiindu-și gheața,
Ce scârțâie sub cizme.

Pe geamuri albe și strălucitoare,
Stau stele desenate,
Vestind o iarnă grea și mare,
Ce se-așterne peste noapte.

Zburliți de frigul dimineții,
Cocoșii n-or să cânte,
Căci frigul vine să le-nghețe,
Cântatul dinainte.

Și-n case focuri se aprind,
Pocnesc lemnele-n vatră,
Pe coșul casei fumegând,
Un fum subțire deseneaz-o pată.

Se colorează tot tabloul,
Sub albul pur, strălucitor,
Îmbracând în grabă pomul,
Din fața casei din pridvor.

Se așează

Se așează-o liniște înșelătoare,
Peste trupuri goale, arse
Și peste ele semnul de-ntrebare,
De ce-au murit și cui o să-i mai pese?

Ei dorm în somnul de la ceruri,
Nu știu să spună-a lor durere,
Părinții plâng și șad în chinuri,
Cine să le aduc-o mângâiere?

Ei știu că Domnul sus veghează
Și plânge-acolo printre îngeri,
Dar vine ziua când pe-o rază,
El va coborâ, s-aducă mângâieri.

Se lasă înserarea

Se lasă înserarea fierbinte
Și bolta cerului încet coboară,
Când steaua-mi iese înainte,
Să mă petreacă ca odinioară.

Iar luna albă, fumurie,
Privește stelele ascunsă,
Parc-ar veni, dar se îmbie
Și-ntoarce fața greu pătrunsă.

Și prin sloiurile de gheață,
Din oceanul ce se-ntinde,
Se așterne, prinde viață,
Amintirea grea din mine.

Să te caut, eu mă-ntreb,
Dacă ești cumva prin lume,
Gândurile-mi te petrec,
Spre-un tărâm ce-i fără nume.

Se lasă peste ochi înserarea

Se lasă peste ochii-mi înserarea,
Clipelor duioase petrecute împreună
Și-n întunericul lor încă mai văd cărarea,
Pașilor pierduți sub frumoasa lună.

Si-o ploaie se lasă ca o pătură groasă,
Sub care ascunde miile de lacrimi,
Le-ndeasă, le-ascunde, nimic nu mai lasă,
Să nu le vezi dâra, să nu poți veni.

Până și crivățul tristeții a-nceput să urle
Și face ravagii în casa tăcerii,
Împrăștie amintirile de mult petrecute,
Să nu le ating, să nu mă pierd printre ele.

Iar dup-o mare urgie petrecută-n tăcere,
Îmi adun gânduri ce cresc în neștire,
Le dărui vieții, ea știe a cerne,
Rugând-o s-aleagă doar ce-i pentru mine.

Nu mai am putere s-alerg după umbre,
Demult pentru mine ele s-au risipit,
Aleg singurătatea omului care rămâne,
Într-o lume din care prea mult am lipsit.

Se sting stele

S-au stins și astăzi stele,
Pe cerul mare-ntunecat
Și s-a umplut cerul cu ele,
Spre el în grabă s-au urcat.

S-au dus stele și viața,
Rămâne mai pustie, mai tăcută,
Inundând cu lacrimi fața,
Când inima-n tristețe șade mută.

S-au împrăștiat în zare,
Din viața asta călătoare,
Luând trenul plin cu jale
Și-un bilet fără valoare.

Sfârșitul

Se schimbă totu-n jurul nostru
Și ceasul vieții mereu se scurtează,
Lumea alunecă și nu-și mai știe rostul,
Mintea adoarme și nu veghează.

Ne pierdem prin păcate,
Nu vrem să fim copii
Și ne-amăgim cu lucrurile deșarte,
Ne-nconjurăm cu ele mii și mii.

Nu știm că astăzi Domnul pe la ușă bate,
Nu știm ce pierdem, bucurându-ne în urgii,
Se clatină pământul și se zbate,
Să ne trezească din cruntele beții.

Căci viața un sfârșit întotdeauna are,
După ce mori unde vei merge, știi,
Sau nu-ți mai pasă de în foc vei arde?
Te-mbeți cu vorbe și purtări stranii.

E timpul să privim iarăși spre Domnul,
Să-l invităm în inimă și să rămână-n ea,
Căci vine timpul când vei trudi ca robul,
Pentru stăpânii iadului, ce-or face viața grea.

Ridică-ți ochii spre ceruri creștine,
Că Domnul promisiuni mari ți-a făcut
Și astăzi se-ndreaptă iar spre tine,
Iubirea lui nicicând n-a mai apus.

Tu ai uitat de Domnul,
Fiindcă ceața păcatului pe ochi ți s-a lipit,
Dar caută, găseste-ți iarăși drumul,
Căci ceasul merge repede, nu s-a oprit.

Și vine ziua când Domnul spune gata,
Atunci nici pe pământ nu vei găsi scăpare,
Nici în mormânt nu te-o astupa lopata,
Căci vine ziua când suferința-i mare.

Cel aprig și-ntunecat la minte-ți vorbește
Și te înșeală cu deșarte bucurii,
Iar mintea când în chinuri se trezește,
Ce te vei face, când n-ai unde fugi?

Întinde mâinile spre Domnul,
Jură-i credință și-ascultare,
Căci azi sau mâine se scurtează drumul
Și vei alege-o singură cărare.

Stropii vieții

Am fost udată de stropii vieții
Și-n ploaia lor m-am dezmierdat,
În zorii albi ai dimineții,
Când visele s-au terminat.

Și-n ziua plină de năzbâtii,
Un dans frumos am învățat,
Când am dansat doar eu cu stropii,
Ce-n grabă ochii mi-au udat.

N-am adunat gânduri nici fapte,
De ele m-au curățat stropii,
Răcoarea lor încă mai șade
Și încă îmi curăță ochii.

Sub pașii mei

Sub pașii mei se strânge vremea,
Trecutelor mâhniri
Și-acolo mai alin durerea,
O pun cu grijă printre amintiri.

Iar viața blânda mi se-ntinde,
Sub soarele vioi de-afară,
Ce fruntea ușor mi-o surprinde,
Cu-n sărut de primăvară.

Pășesc ușor prin norul vieții,
Cu pași mărunți și trecători,
Nu mă înec în valul vieții,
Cu el mă lupt de multe ori.

Suflet pierdut

Suflet pierdut în lumea întristării,
Cauți o oază sau un scut,
Să-ți mângâie-adâncita durere,
Suflet trist și tare abătut.

Când cerul s-a umplut cu stele,
Privirea întoarce-o către el,
C-acolo sus veghează-n tăcere,
Un Dumnezu ce-i veșnic fidel.

Ridică mâinile și spune-i,
În rugăciunea ta aprinsă,
Ce te apasă-n astă lume,
De ce inima-ți este tristă.

Suflet ce caut-o mângâiere,
Umple cămara inimii tale,
Cu vorbele dulci, de miere
Și-n ea vei primi raze de soare.

Sufletul tânjește

Sufletul tânjește,
Dup-o lungă-mbrățișare,
Ce-l mângâie și-l oblojește,
La distanța mult prea mare.

Este rece și prea doare,
Lunga cale ce desparte,
Două inimi prinse-n jale,
Două inimi ce-s departe.

Și-n pretinsa mângâiere,
Vorbele ce stau să curgă,
Ating buze calde, grele,
Ce se-ascund fără de urmă.

Suntem o pădure fără rădăcini

Suntem o pădure fără rădăcini,
Care era cândva duioasă și plină de brazi,
Acum crește iarbă și cresc mulți ciulini,
Ne lipsesc oamenii viteji și frumoși.

Suntem pădurea în care s-au strâns,
Gunoaie aruncate de peste tot,
Copiii noștri dorm goi și flămânzi,
În țară pentru noi nu mai e loc.

Suntem pădurea ce plânge sub stele,
Când cerul în noapte stă inundat,
Ne pierdem încet și noi printre ele,
Așteptându-ne ceasul întârziat.

Și dacă anii

Și dacă anii mei s-or înmulți,
Adunând multe primăveri,
Mă voi gândi că am rămas copii
Și zilele le-oi număra la fel ca ieri.

Chiar dacă fire albe mi s-or așeza,
Peste părul meu bălai,
Voi râde și-n soare voi zburda
Și n-oi simți că anii îmi sunt grei.

În inimă comori voi aduna,
Fără de griji, fără tristețe
Și-acolo uneori m-oi așeza,
Când viața n-o să vrea să mă răsfețe.

Și iată vise

Și iată vise-n grabă s-au aprins,
Care ard precum văpaia,
În mine viața a cuprins,
O cale și-apoi alta.

Mai multă forță și ardoare,
Mocnesc acum în ochii mei,
Croiesc o viață, îi dau valoare
Și-mi pun de reazem un temei.

Voi trece căi lungi neumblate,
Pe ele mult eu voi călători,
Să las in urmă multe fapte,
Să-mpart la oameni bucurii.

Cu paloșul răbdării mă voi trece
Și-n mână strâns îl voi avea,
Căci vine viața care trece
Și mă-ntreabă ce am în urma mea.

Și înc-un an

Și înc-un an s-a stins,
Măicuță fără tine
Și ochii-mi iar te-au plâns,
Știind că tu nu ești cu mine.

Încă mi-e inima sfârșită,
De durerea necuprinsă,
Tu ești în ceruri fericită,
Pe pământ nu mai stai tristă.

Mi-este dor de graiul tău,
De cuvinte fără de prihană,
Când îl rugai pe Dumnezeu,
Iar el în grabă te lua în seamă.

Te-ai rugat și am simțit,
A tatălui mână cerească,
Când de la tine a primit,
Rugăciunea părintească.

Și-n taina

Și-n taina tristă a ochilor mă pierd,
Ce mă privesc dintr-o icoană,
Privirea-i caldă vreau s-o înțeleg,
Dar liniștea-i mă cerne și mă sfarmă.

Atâta dragoste din suferință,
A izbucnit precum izvorul
Și pentru noi a stat în umilință,
Căci el este Mântuitorul.

A strâns putere și voință,
Până la capăt a răbdat,
Rugându-se pentru căință,
Lui Dumnezeu ce ne-a iertat.

Și-n sânge a plătit prețul iubirii,
Care-a sădit-o și în noi,
Dar noi cădem din legea firii,
Și zi de zi îl răstignim iar înapoi.

Și o să-ți fac

Și-o să-ți fac un castel,
Să se ridice până sus la soare,
Apoi degrabă m-oi muta în el,
Să-ți mângâi diminețile-n răcoare.

Desculți prin iarbă dimineața să fugim
Și-n joacă sărutări să îți culeg,
Să știm că suntem veșnici și ne iubim,
Noi nu cunoaștem al vieții întuneric.

Și-atâta dragoste ți-oi dărui,
Când stelele pe cer vor sta grămadă,
În mână toate le-oi îngrămădi,
Lumina lor să-ți lumineze viața-ntreagă.

Tăcerea cuvintelor

Tăcerea cuvintelor,
Curge amestecată-n datini,
Așternute în tăcere,
Peste ale vieții patimi.

Și-n urma pașilor pierduți,
Când se lasă-ncet tăcerea,
Pășim în neant desculți,
Ca să ne aflăm menirea.

Iar pe-un sfânt se așterne-o oază,
Să ne lumineze calea,
Când mintea ne va sta trează,
Să-i vedem nemărginirea.

Te-am întrebat

Te-am întrebat părinte drag,
De ce doar eu,
Răspunsul pe loc mi l-ai dat,
Ai spus că sunt copilul tău.

Și greutatea a supus,
Un corp ce șade obosit,
Că-n el cu grijă tu m-ai pus,
Să-mi fie gazdă pe pământ.

Chiar dacă oboseala vine
Și mă perpelește uneori,
Sub ea căldura ei ascunde,
Greutăți și lacrimi care dor.

M-am încălzit sub ea mereu,
Fără să știu că doare,
Dar gândul că-s copilul tău,
Mi-a dat voință și putere.

Te bate viața

Te bate viața peste umăr
Și-un viitor în față se deschide,
Doar tu decizi să dai vreun număr,
Zilelor ce vor urma de mâine.

Tu stai privind,
Cum trece peste tine,
Schimbarea care vine în curând,
Trezeste-te să vezi ce vine!

Privește lung spre zarea ce se lasă,
Dinspre pământurile străine,
Nu te gândi că ești acasă,
Nimic nu te atinge și ești bine!

Te cheamă țara

Te cheamă țara române,
Te cheamă glasuri din morminte,
Tu pleci și țara cui rămâne,
Cine va fi românul de acu-nainte?

Cine inima-ți va obloji,
Când vatra plânge-n tine,
Unde copiii tăi vor locui,
Când țările-ți vor fi străine?

Te cheamă țara ta române,
Când porțile-i ușor se-nchid
Și vei fi un străin ca mâine,
Te vei lovi de realitate ca de-un zid.

Ștefania Rotariu

Timpul se cerne

Timpul încet se cerne,
Peste tâmplele-obosite,
Ale serii care cere,
Povești ascunse-nghesuite.

N-am puterea să respir,
Prin versuri ce odinioară,
Le așterneam într-un delir,
Pe-o foaia mică, albă.

Acum mă-nchid în rânduri
Și-n somnul care mă cuprinde,
Păstrez poveștile în gânduri,
Despre trecut și despre mine

Trăiești

Trăiești pentru nimeni,
Pentru-un copil fără simțiri,
Care-a uitat de tine,
Nu știe de te bucuri.

Ușa de multă vreme,
El nu ți-a mai deschis,
La tine nu se mai gândește
Și nici nu-i ești măcar în vis.

Ești o mamă uitată,
De-un copil pe care-l adori,
Stai singură, nemângâiată,
Privind fereastra până-n zori.

Nici ușa nu se mai dechide
Și nimeni nu pășește,
Nu mai auzi copilul care plânge
Și nici pe cineva care vorbește.

Trist

Trist se lasă gândul meu,
Peste noaptea ce coboară,
Peste doru-mi tare greu,
Dor adânc, un dor de țară.

Și în cântecul viorii,
Lin aștern lacrimi ce-s triste,
Până când coboară zorii,
Fără somn și fără vise.

Doina, cântec scump de jale,
Povestește despre vremuri
Și-amintiri ce curg la vale,
Pe hârtii când scriu peneluri.

Ți-am cântat cântecele tale,
Țară scumpă, minunată,
Căci pe visu-mi se așterne,
Viitorul ce te-așteaptă.

Și-oi rămâne când adorm,
În pădurea fermecată,
Unde păsări cânta-n stol,
Vântul dorul greu mi-l poartă.

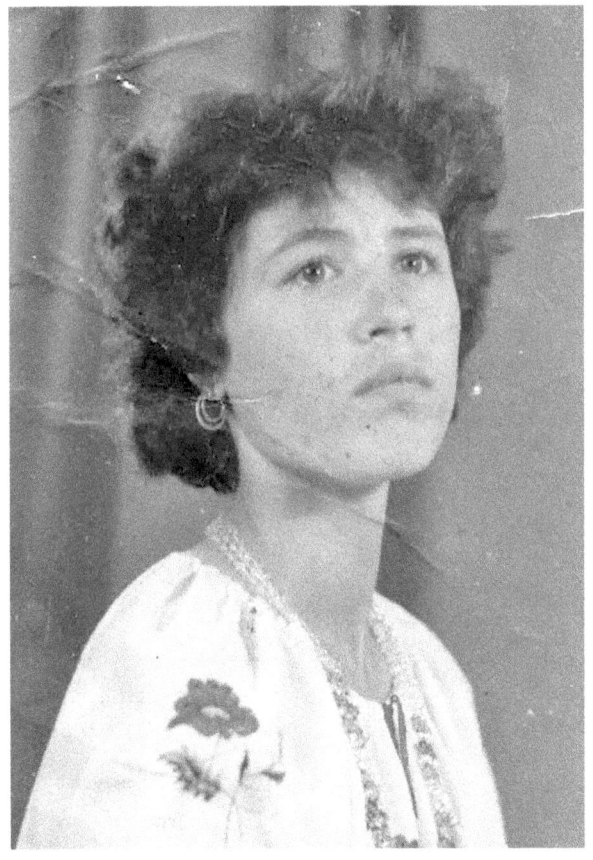

Ți-am scris

Ți-am scris numele pe cer
Și-n inimă l-am încrustat,
Am făcut să pară un mister,
Doar pentru mine l-am păstrat.

Ți-am pus culoare-n el
Apoi buzele mi-am colorat,
A fost dulce strugurel,
Din care-am tot gustat.

Și sub pretexte te-am ascuns,

Să-mi fii mereu pe buze,

Un dulce si suav surâs,

Ce inima-mi supune.

Un mărțișor

Un mărțișor eu îți trimit,
În prag de primăvară,
Să știi că doar la tine m-am gândit
Și-am desenat și-o inimioară.

Chiar dacă drumul e prea lung,
De-aici din depărtare,
Eu îți trimit și un sărut,
Ce l-am lăsat pe-o floare.

Suflet frumos, sensibil, bun,
Tu ești o primăvară,
La tine mă gândesc și-acum,
Când pleoapele-mi pe ochi coboară.

Văd sărăcia

Văd sărăcia care ne-nconjoară
Și-o mână de oameni mari,
Care conduc și înjosesc o țară,
Căci numai ei sunt solidari.

Iar noi suntem frunze aruncate,
De pe un hotar pe altul,
N-avem putere și nimic în spate,
Să ne ajute, când ne doboară valul.

Gândesc cum se trece
Și cum voința se stinge,
Iar timpul nostru se macină rece,
Fără vreo cale de ieșire.

În mâna Domnului cea cu putere,
Ne punem speranța gândului curat,
Căci el de-o vrea cândva ca să spele,
Această pleavă, ce ne-a îngenuncheat.

Vremea este aproape

Vremea este-aproape,
Când sufletele bune se sting
Și către cer se ridică toate,
Acolo unde-i liniște și timp.

În durere și-n mustrare,
Va fi cel fără Dumnezeu,
De-n genunche nu mai șade,
Nu strigă numele său.

A venit vremea,
Când fiara strigă
Și-o vedem aievea,
În lumea-aceasta aprigă.

Este-atât de îndoielnică,
Atât de tare ne-a orbit,
Căci o vedem prielnică
Și credem, că nu va fi nimic.

Ștefania Rotariu

Dar vine vremea,
Când hoțul sufletului,
Îl vom privi aievea,
Punând pe noi pecetea lui.

Despre Autoare

Ştefania Rotariu s-a născut în 27 Decembrie 1963, în localitatea Suceviţa din judeţul Suceava, România. O parte din copilărie şi-a petrecut-o în frumoasa Bucovină, unde a fost sădită sămânţa inspiraţiei. Începe să scrie poezii de la o vârstă fragedă, adunându-le de-a lungul anilor. Poeziile scrise pe caiete, sunt rescrise mai târziu la o maşină de scris veche şi legate, păstrându-le până la publicarea lor. Urmează cursurile Universităţii de drept din Timişoara, dar se retrage în ultimul an, îndreptându-se spre o carieră în domeniul IT, în care se dedică până-n anul 2007, atunci când părăseşte România şi se îndreaptă spre Spania, unde locuieşte 3 ani. Se reîntoarce în România în primăvara anului 2010 şi stă până la sfârşitul aceluiaşi an, urmând să părăsească iar România, pentru a se stabili în Anglia. Acolo urmează cursurile universitare pentru a lucra ca ingineră în telecomunicaţii, după care urmează alte cursuri universitare pentru specializarea în securitatea cibernetică. Străinătatea îi aduce satisfacţii şi banii necesari pentru a publica cărţile scrise şi pregătite de ea pentru tipar. Viaţa departe de ţara şi de cei dragi, a făcut-o să fie mai puternică în hotărâri şi decizii, să ştie cum să-şi croiască o viaţă, în care visele se pot îndeplini. Însă, după cum nimic nu se obţine fără sacrificii, sănătatea s-a deteriorat pe parcursul anilor, determinând-o să facă mai puţine activităţi. Astfel că, în repausul pe care i-l oferă viaţa, se hotărăşte să traducă toate cele 5 volume de poezii în limba engleză.

Debut editorial

Publicarea volumului I de poezii (POEZII PENTRU INIMA TA) în vara anului 2012 (America), volumele II, III de poezii publicate în vara anului 2014 (Anglia) şi volumele IV, V de poezii publicate in februarie 2023 (Anglia). Se dedică vieţii culturale şi devine membră a uniunii scriitorilor din Anglia în anul 2012, în 2017 devine jurnalistă britanică şi în 2020 primeşte şi calitatea de jurnalistă internaţională. Participă la Festivalul Internaţional de Poezie şi Epigramă (Romeo şi Julieta la Mizil) şi la Colecţia Antologică de Poezie (Cu Patria în Suflet - de drag, de jale şi de dor) în România. Colaborează cu diferiţi solişti, punând versurile pe muzică, distribuite pe Youtube.

Stefania Rotariu

Viata este o bucurie, daca stii sa iei ce-i mai bun din ea.
Frumusetea este un dar de la Dumnezeu, daca stii sa-l pretuiesti.
Dragostea nu se poate descrie in cuvinte, ci doar se poate simti.
Prietenia este cel mai frumos cadou, pe care-l poti face unui om.
Zambetul tau, poate inviora o inima trista si abatuta.
Sacrificiul tau, poate salva o viata fara sperante.

www.ingramcontent.com/pod-product-compliance
Lightning Source LLC
Chambersburg PA
CBHW041140110526
44590CB00027B/4083